Ma

Françoise Amelin est née en 1958 à Saint-Nazaire dans la Loire-Atlantique. Depuis l'obtention de son diplôme de Lettres Modernes, elle élève ses deux enfants avec son mari. Elle adore regarder la télévision le dimanche, mais c'est sur les bords de la Loire qu'elle puise son inspiration. En septembre 1996, elle a fait sa première rentrée comme professeur de Lettres.

Yves Calarnou aime bricoler et s'amuser. Il fabrique toutes sortes de jouets pour son fils... et pour lui. Il bricole même ses crayons ! Grand voyageur, il préfère dessiner les paysages qu'il admire plutôt que de prendre des photos. Il travaille depuis des années pour l'édition, la presse et la publicité.

Du même illustrateur dans Bayard Poche :
La forêt maudite (Les belles histoires)
Un fantôme de trop (J'aime lire)

Bayard Éditions est une marque
du département Livre de Bayard Presse

ISBN 2.227.72816.7

Mamma l'Ogresse

Une histoire écrite par Françoise Amelin
illustrée par Yves Calarnou

BAYARD ÉDITIONS

Dans un lointain royaume,
au cœur de la forêt,
vivait Mamma l'Ogresse
avec ses cinq enfants.

Du matin au soir,
les ogrillons s'amusaient.
Ils grimpaient aux arbres,
ils construisaient des cabanes,

ils se roulaient en riant
dans les flaques de boue,
ils se goinfraient* de mûres
et de prunelles.

* Ce mot est expliqué page 46, n° 1.

À la tombée de la nuit,
ils rentraient chez eux
avec des fleurs pour Mamma.
Un bon repas les attendait.
Mamma criait :
– À table, les mini-ogres, à table !

Mais elle oubliait de les envoyer
se laver les mains,
de les moucher et de coiffer
leurs tignasses* ébouriffées.
Quand le dîner était terminé,
Mamma prenait ses cinq petits
sur ses genoux
et elle leur racontait
des histoires merveilleuses.

* Ce mot est expliqué page 46, n° 2.

Mais elle oubliait de leur dire
de se laver les dents avant de s'endormir.
Elle pensait que,
pour que les petits ogres
grandissent bien,

il suffisait de les aimer,
de les embrasser
avant qu'ils s'endorment,
et de les laisser courir en liberté
toute la journée.

Mais dans ce royaume-là
régnait le roi Javel Ier
qui avait en horreur
la poussière, la crasse
et la saleté.
Sans cesse, il répétait :
– Je veux
que mon royaume
soit le plus propre
de la terre !
Et chaque jour,
il faisait laver
à grande eau
la reine,
les petits princes
et le château.

Un jour, dans la forêt,
apparaît un envoyé du roi,
chargé de passer en revue
tous les enfants
du royaume,
pour s'assurer
qu'ils sont
bien pomponnés
et bien proprets.
Il découvre
les cinq ogrillons
en train de jouer,
si sales, si sales
qu'on dirait
des petits
ramoneurs*.

* Ce mot est expliqué page 47, n° 3.

L'envoyé du roi se pince le nez
et il s'écrie :
– Quelle horreur, quelle puanteur !
On ne peut pas laisser
une pareille saleté

dans le royaume de notre roi Javel Ier !
Il attrape les enfants,
il les met dans sa charrette
et les emmène aussitôt
au château.

Quand le roi Javel Ier
voit les cinq ogrillons,
il décide de les confier
à la gardienne de cochons
du château.
C'est la femme
la plus propre du pays.
Soir et matin,
elle plonge les ogrillons
dans un grand baquet
rempli d'eau
et elle les frotte
de tout son cœur.
Elle dit en usant ses savons :
– Je veux que vous soyez
aussi roses
que mes petits cochons !

Comme ils sont tristes,
les petits ogrillons !
Comme Mamma leur manque !
Où sont les histoires du soir,
les baisers du coucher,
les arbres de la forêt ?

Ici, il faut travailler toute la journée
à garder les cochons dans le pré.
Et le reste du temps, il faut se laver.
Impossible de s'enfuir,

car la gardienne de cochons
les surveille sans répit*.
Les petits ogrillons décident
de se plaindre au roi.

* Ce mot est expliqué page 47, n° 4.

Ils lui envoient une lettre :
« Chère Majesté,
on était heureux avec Mamma,
et on veut retourner vivre
avec elle dans la forêt.
Laissez-nous partir, s'il vous plaît. »
Mais le roi Javel Ier n'est pas de cet avis.
Il vient voir les ogrillons et il leur dit :
– De quoi vous plaignez-vous ?
Vous êtes heureux ici.
Car ce qu'il faut dans la vie,
c'est avoir les mains propres
et les joues qui brillent !
Et le roi s'en va,
après avoir félicité
la gardienne de cochons.

Alors, l'aîné des ogrillons propose :
– J'ai une idée.
Envoyons un message
à Mamma
pour qu'elle vienne nous délivrer.
Ses frères lui demandent :

– Mais comment faire ?
Une voix répond derrière eux :
– C'est facile !
Ils se retournent.
C'est Gorgoret, le plus âgé des cochons,
qui vient de parler.

Il faut dire que les ogres,
les ogresses et les ogrillons
comprennent très bien le langage
des cochons.
Gorgoret dit :
–Je veux bien vous aider.
Je porterai votre message.
Les petits ogrillons sont ravis.
Ils écrivent :
« Au secours, Mamma,
nous sommes prisonniers
du roi de la propreté ;
viens vite nous délivrer ! »
Gorgoret s'en va.

Après trois jours de marche,
il arrive à la forêt où vit Mamma.
Elle a tellement pleuré
qu'elle est épuisée.
Cela fait trois jours et trois nuits
qu'elle cherche ses mini-ogres chéris.
Mais quand Gorgoret
lui donne la lettre des ogrillons,
elle s'écrie :
– Ah, c'est ainsi ?
C'est le roi qui me les a pris !
Eh bien, je vais lui montrer,
à ce roi,
qui est Mamma !
Pour aller plus vite,
elle chausse ses bottes de sept lieues
et elle prend Gorgoret
dans ses bras.
Gorgoret s'amuse comme un fou,
il se croit en avion.

En un rien de temps,
ils arrivent au château.
Ils se rendent aussitôt
chez la gardienne de cochons.
Mais alors, les cochons
leur apprennent la triste nouvelle :

la gardienne s'est aperçue
de la disparition de Gorgoret.
Elle s'est doutée de quelque chose
et elle a fait prévenir le roi.
Le roi a décidé d'enfermer les ogrillons
pour mieux les surveiller.

En apprenant cela,
Mamma l'Ogresse est si fâchée
qu'elle s'apprête à réduire en bouillie
les soldats qui gardent l'entrée.
Mais encore une fois,
Gorgoret a une idée.
Il dit :
– Allons-y tous ensemble,
et pendant que nous, les cochons,
nous nous battrons contre les soldats,
vous, Mamma,
vous délivrerez vos ogrillons.

Aussitôt dit, aussitôt fait.
Les cochons se rangent deux par deux,
avec à leur tête le général Gorgoret.
En les voyant arriver,
les soldats s'écrient :
– Alerte ! Alerte ! Les cochons attaquent !
Mamma crie encore plus fort qu'eux :
– Voleur d'enfants !
Rendez-moi mes petits,
immédiatement !

Alors, du haut du château,
des voix crient :
– On veut Mamma !
On veut notre Mamma !
Ce sont les petits ogrillons
qui ont tout entendu.
Les cochons
et même les gardes du château
en ont les larmes aux yeux.
Le roi est bien embêté. Il dit :
– Il faut que je consulte la reine.
En tant que mère,
elle saura me donner un bon conseil.
On fait venir la reine.
Le roi lui demande :
– Reine, que faut-il décider ?
La reine répond :
– Ce sont des ogrillons,
pas des petits cochons !
Le plus important pour eux,
ce n'est pas d'être rose bonbon.
Je crois, Majesté,
que vous devez les laisser aller.

Aussitôt, les ogrillons sont libérés.
Ils courent se jeter dans les bras
de leur Mamma.
Gorgoret et les autres cochons crient :
– Hourra ! Youpi !

On tire des coups de canon
pour célébrer les retrouvailles,
et le roi Javel Ier ordonne
qu'une grande fête soit donnée
en l'honneur de Mamma l'Ogresse
et de ses ogrillons.

Tout le monde s'y est bien amusé,
sauf la gardienne de cochons
qui était un peu vexée.

LES MOTS DE L'HISTOIRE

1. **Se goinfrer**, c'est manger énormément et très salement.

2. On dit de quelqu'un qu'il a une **tignasse** quand il a beaucoup de cheveux, pas très soignés et plutôt ébouriffés.

3. Le **ramoneur** est celui qui nettoie les cheminées. Comme il fait tomber cette poussière noire qu'on appelle la suie, il est souvent noir lui aussi.

4. Faire quelque chose **sans répit**, c'est le faire sans s'arrêter un instant.

Achevé d'imprimer en avril 1997 par OBERTHUR Graphique
35000 Rennes - N° 809
Dépôt légal : mai 1997 - N° d'éditeur 2870
Imprimé en France